Original en couleur

NF Z 43-120-8

GNOSTIQUES FRANÇAIS

POSITIVISME
ET
ANARCHIE

AUGUSTE COMTE — LITTRÉ — TAINE

Le Positivisme — Sa Doctrine.
Le Positivisme — Sa Méthode.
Le Positivisme — Ses Conséquences Sociales.
Le Positivisme — Sa Critique.

PAR

le Cte Paul COTTIN

Ancien Député

PARIS
FÉLIX ALCAN, ÉDITEUR
LIBRAIRIES FÉLIX ALCAN ET GUILLAUMIN RÉUNIES
108, BOULEVARD SAINT-GERMAIN, 108

1908

go R
22126

POSITIVISME
ET
ANARCHIE

AUGUSTE COMTE — LITTRÉ — TAINE

OUVRAGES DU MÊME AUTEUR

L'Enseignement Primaire dans les campagnes.

Trois Députés.

Lettre d'un Franc-Tireur.

Un Député en Algérie.

Nos Finances.

L'Impôt militaire.

Discours parlementaires (1871-1875) : Décentralisation, Instruction publique, Lois constitutionnelles, Finances.

Rendement de compte.

Le pays de Gex.

Les prochains Traités de commerce.

Un Livre pour le xxe siècle.

AGNOSTIQUES FRANÇAIS

POSITIVISME
ET
ANARCHIE

AUGUSTE COMTE — LITTRÉ — TAINE

Le Positivisme — Sa Doctrine.
Le Positivisme — Sa Méthode.
Le Positivisme — Ses Conséquences Sociales.
Le Positivisme — Sa Critique.

PAR

le Cte Paul COTTIN

Ancien Député

PARIS
FÉLIX ALCAN, ÉDITEUR
LIBRAIRIES FÉLIX ALCAN ET GUILLAUMIN RÉUNIES
108, BOULEVARD SAINT-GERMAIN, 108

1908

POSITIVISME ET ANARCHIE

AVANT-PROPOS

Le Positivisme est un des graves dangers de l'heure présente. Il est, notamment, un des adversaires les plus redoutables de la réforme sociale que les bons esprits poursuivent sans relâche. Les négations radicales auxquelles il aboutit n'ont occupé d'abord que les lettrés; elles prennent place aujourd'hui dans l'enseignement pratique des générations nouvelles. La guerre entreprise contre le Dieu personnel et absolu, contre la morale éternelle et supérieure, contre l'âme responsable et immortelle, contre l'autorité sous toutes ses formes, y trouve sa base philosophique et son arme de combat. C'est le devoir des écrivains d'engager, en toute occasion, la lutte contre cette erreur envahissante qui descend actuellement par les écoles normales jusqu'à l'école primaire, poursuivant le but criminel de former, en France, un peuple de matérialistes, d'athées et d'anarchistes. Les efforts tentés à notre époque pour mettre en honneur Auguste Comte et sa doctrine sont une de ces occasions qui s'imposent. Auguste Comte, en effet, est un des chefs avérés de cette doctrine philosophique, dite positive, qui a renouvelé au XIX° siècle les erreurs connues auparavant sous les noms de Sensualisme et de Matérialisme.

Le Positivisme, comme nous le verrons bientôt, a sa source dans une analyse incomplète des faits observables ; comment le combattrons-nous ? En nous plaçant sur son ter-

rain qui est aussi le nôtre, le terrain des faits, et en substituant à l'analyse tronquée d'où il sort une analyse plus rigoureuse, plus complète, plus vraie, scientifique en un mot.

C'est l'œuvre des pages qui vont suivre.

CHAPITRE PREMIER

LE POSITIVISME — SA DOCTRINE

CHAPITRE PREMIER

LE POSITIVISME SCIENTIFIQUE

CHAPITRE PREMIER

LE POSITIVISME — SA DOCTRINE

L'erreur vit d'obscurité. Avant d'essayer la critique du Positivisme, il faut voir ce qu'il est. C'est à ses créateurs que nous le demanderons. Auguste Comte nous le dira d'abord. Il est aux yeux des disciples l'autorité incontestée en la matière. Ses successeurs nous le diront après lui.

⁂

La science est la connaissance de ce qui est. Que dit le Positivisme à cet égard? Quelle solution donne-t-il des problèmes autour desquels s'agite l'esprit humain touchant les trois grands ordres d'existences qui préoccupent, depuis Thalès, les philosophes et les savants : Dieu, l'Ame, le Monde extérieur? Laissons parler les maîtres.

DIEU

— « Une grande loi fondamentale du déve-
« loppement de l'intelligence humaine con-
« siste en ce que chacune de nos conceptions
« principales, chaque branche de nos connais-
« sances passe successivement par trois états
« théoriques différents : l'état théologique
« ou fictif; l'état métaphysique ou abstrait;
« l'état scientifique ou positif. En d'autres
« termes, l'esprit humain, par sa nature,
« emploie successivement dans chacune de
« ses recherches trois méthodes de philo-
« sopher dont le caractère est essentielle-
« ment différent, et même radicalement
« opposé : d'abord, la méthode théologique,
« ensuite la méthode métaphysique et enfin

« la méthode positive. De là trois sortes de
« philosophies ou de systèmes généraux de
« conceptions sur l'ensemble des phéno-
« mènes, qui s'excluent mutuellement : la
« première est le point de départ nécessaire
« de l'intelligence humaine ; la troisième son
« état fixe et définitif; la seconde est uni-
« quement destinée à servir de transition. »
(Auguste Comte, *Cours de Philosophie positive*, t. I, p. 8 et 9.)

Or quels sont, touchant l'existence d'un
être absolu, d'un Dieu, les résultats de cette
philosophie *positive*, seule valable d'après
Comte?

« Dans l'état positif, l'esprit humain recon-
« naissant l'impossibilité d'obtenir des no-
« tions absolues, renonce à chercher l'origine
« et la destination de l'univers et à connaître
« les causes intimes des phénomènes, pour
« s'attacher uniquement à découvrir, par
« l'usage bien combiné du raisonnement et
« de l'observation, leurs lois effectives, c'est-

« à-dire leurs relations invariables de succes-
« sion et de similitude. L'explication des faits,
« réduite alors à ses termes réels, n'est plus
« désormais que la liaison établie entre les
« divers phénomènes particuliers et quelques
« faits généraux dont les progrès de la science
« tendent de plus en plus à diminuer le
« nombre.

« Le système théologique est parvenu à la
« plus haute perfection dont il soit susceptible
« quand il a substitué l'action providentielle
« d'un être unique au jeu varié des nombreuses
« divinités indépendantes qui avaient été ima-
« ginées primitivement. De même, le dernier
« terme du système métaphysique consiste
« à concevoir, au lieu des différentes entités
« particulières, une seule grande entité géné-
« rale, la nature, envisagée comme la source
« unique de tous les phénomènes. Pareille-
« ment, la perfection du système positif, vers
« laquelle il tend sans cesse, quoiqu'il soit
« très probable qu'il ne doive jamais l'attein-

« dre, serait de pouvoir se représenter tous
« les divers phénomènes observables comme
« des cas particuliers d'un seul fait général tel
« que celui de la gravitation par exemple. »
(A. Comte, *Id.*, t. I, p. 9 et 10.)

« Quant à déterminer ce que sont en elles-
« mêmes cette attraction et cette pesanteur,
« quelles en sont les causes, ce sont des
« questions que nous regardons tous comme
« insolubles, qui ne sont plus du domaine
« de la philosophie positive et que nous aban-
« donnons avec raison à l'imagination des
« théologiens ou aux subtilités des méta-
« physiciens. » (A. Comte, *Id.*, t. I, p. 17.)

Auguste Comte, on le voit, après avoir nié la valeur de toute philosophie autre que celle à laquelle il donne le nom de positive, déclare cette même philosophie et, par suite, l'esprit humain dont elle est, suivant lui, le seul refuge, entièrement incapables de pouvoir jamais affirmer légitimement l'existence substantielle et distincte d'une cause première absolue, l'existence d'un Dieu en d'autres termes. C'est chose, dit-il, qu'il faut abandonner « à l'imagination des « théologiens ou aux subtilités des méta- « physiciens ».

— Ecoutons un autre chef de la même école exprimer la même négation :

« *Idéal ou religion*. — Ces deux mots
« réunis dans le titre de ce chapitre l'ont été
« afin de prémunir dès l'abord le lecteur
« contre toute méprise et ne pas lui laisser
« croire un instant qu'il pourrait s'agir de
« la restauration d'idées surnaturelles. L'un
« *(religio)* est ancien; il appartient au peuple
« de l'antiquité qui eut au plus haut degré
« le sentiment de la cohésion sociale, et
« tandis que le mot grec correspondant
« (εὐσέβεια) n'exprime que l'adoration des
« Dieux, le mot latin exprime la liaison des
« hommes autour d'un centre commun.
« L'autre est moderne; il signifie la con-
« ception abstraite de la grandeur et de la

« beauté collectives, mais réelles, et, à ce
« titre, détermine une religion qui ne peut
« plus s'adresser aux êtres surnaturels sup-
« posés par les hommes passés et vainement
« cherchés par les hommes modernes.

« En effet, tout le travail de la science a eu
« pour résultat de démontrer que nulle part
« il n'y a place pour l'intervention des dieux
« d'aucune théologie. A la vérité, les histoires
« rapportent un grand nombre de faits mer-
« veilleux où la puissance divine prend un
« corps, agit directement et se manifeste.
« Mais la critique historique a frappé d'un
« doute général toutes ces relations, en mon-
« trant que les unes n'avaient aucune authen-
« ticité, et que celles qui étaient authentiques
« ne devaient leur caractère surnaturel qu'aux
« croyances des hommes d'alors. De la sorte,
« le miracle s'est trouvé en déchéance com-
« plète; impossible à montrer dans le pré-
« sent, impossible à démontrer dans le passé,
« il n'a plus empêché de voir le monde tel

« qu'il est, c'est-à-dire une trame impénétra-
« ble de causes et d'effets, à laquelle l'esprit
« ne peut concevoir ni commencement ni
« fin. Or qui ne comprend que le miracle est
« la seule preuve positive de l'existence des
« êtres surnaturels, et que les preuves dites
« métaphysiques ne peuvent, à cet égard,
« valoir le moindre témoignage? C'est de la
« sorte que la racine des croyances théolo-
« giques s'est desséchée et se dessèche de
« plus en plus dans la conscience moderne. »
(E. Littré, *Conservation, révolution et positivisme*, 2ᵉ édition, XXVI, p. 388.)

— Taine : « Il (Jouffroy) oubliait que les
« axiomes du naturaliste ne peuvent aboutir
« aux suppositions du théologien, ni les sup-
« positions du théologien se fonder sur les
« axiomes du naturaliste. Il ne remarquait
« pas que les suppositions du théologien se
« fondent sur un dogme théologique, reculé
« au plus profond du ciel, hors des prises
« de toute science, incapable de produire

« une morale naturelle, capable de produire
« une religion positive, et qu'il eût repoussé
« s'il l'eût entrevu. Il ne remarquait pas que
« les axiomes du naturaliste aboutissent à
« des vérités redoutables qu'on n'ose aborder
« tant qu'on garde les restes de ses pre-
« mières croyances, et qui l'auraient déchiré
« si elles l'avaient atteint. » *(Les Philosophes
français du XIXe siècle,* ch. XI, p. 273.)

« Nous découvrons l'unité de l'univers et
« nous comprenons ce qui la produit. Elle
« ne vient pas d'une chose extérieure, étran-
« gère au monde, ni d'une chose mystérieuse,
« cachée dans le monde. Elle vient d'un fait
« général semblable aux autres, loi généra-
« trice d'où les autres se déduisent de même
« que de la loi de l'attraction dérivent tous
« les phénomènes de la pesanteur, de même
« que de la loi des ondulations dérivent tous
« les phénomènes de la lumière, de même
« que de l'existence du type dérivent toutes
« les fonctions de l'animal, de même que de

« la faculté maîtresse d'un peuple dérivent
« toutes les parties de ses institutions et tous
« les événements de son histoire.

« C'est à ce moment que l'on sent naître
« en soi la notion de la nature. » *(Id.*, ch. XIV,
p. 359-361.)

L'AME

— Traitant de la suprématie que les philosophes métaphysiciens attribuent à l'intelligence sur les affections, les penchants et les passions, Auguste Comte s'exprime ainsi :

« Une cause plus directe, plus intime et
« plus générale de cette grande aberration
« est résultée de la stricte obligation où
« devaient être les métaphysiciens de conser-
« ver, par un principe unique ou du moins
« souverain, ce qu'ils ont appelé l'unité du
« *moi*, afin de correspondre à la rigoureuse
« unité de l'*âme* qui leur était nécessaire-

« ment imposée par la philosophie théolo-
« gique, dont il ne faut jamais oublier que
« la métaphysique est une simple transfor-
« mation finale, si l'on veut réellement com-
« prendre la marche historique de l'esprit
« humain.

« Mais les savants positifs, qui ne s'assu-
« jettissent d'avance à aucune autre obliga-
« tion intellectuelle que de voir, sans aucune
« entrave, le véritable état des choses et de
« le reproduire, avec une scrupuleuse exac-
« titude, dans leurs théories, ont reconnu,
« au contraire, d'après l'expérience univer-
« selle, que, loin d'être unique, la nature
« humaine est, en réalité, éminemment multi-
« ple, c'est-à-dire sollicitée presque toujours
« en divers sens par plusieurs puissances
« très distinctes et pleinement indépen-
« dantes, entre lesquelles l'équilibre s'établit
« fort péniblement, lorsque, comme chez la
« plupart des hommes civilisés, aucune
« d'elles n'est en elle-même assez prononcée

« pour acquérir spontanément une haute
« prépondérance sur toutes les autres.

« Ainsi la fameuse théorie du *moi* est
« essentiellement sans objet scientifique,
« puisqu'elle n'est destinée qu'à représenter
« un état purement fictif. Il n'y a, sous ce
« rapport, comme je l'ai déjà indiqué à la fin
« de la leçon précédente, d'autre véritable
« sujet de recherches positives que l'étude
« finale de cet équilibre général des diverses
« fonctions animales, tant d'irritabilité que
« de sensibilité, qui caractérise l'état pleine-
« ment normal où chacune d'elles, conve-
« nablement tempérée, est en association
« régulière et permanente avec l'ensemble
« des autres, suivant les lois fondamentales
« des sympathies et surtout des synergies
« proprement dites. C'est du sentiment con-
« tinu d'une telle harmonie fréquemment
« troublée dans les maladies que résulte
« nécessairement la notion très abstraite et
« très indirecte du *moi*, c'est-à-dire du *con-*

« *sensus* universel de l'ensemble de l'orga-
« nisme. » (A. Comte, *Cours de philosophie
positive*, t. III, p. 544, 545.)

Et renvoyant, quelques pages plus loin, aux travaux de Gall et de Spurzheim, Auguste Comte ajoute : « On y devra surtout remar-
« quer cette belle démonstration philoso-
« phique si pleinement satisfaisante d'où ils
« ont conclu que la sensation, la mémoire,
« l'imagination et même le jugement, enfin
« toutes les facultés scolastiques ne sont pas,
« en réalité, des facultés fondamentales et
« abstraites, mais, constituent seulement,
« d'une manière directe, les divers degrés
« ou modes consécutifs d'un même phéno-
« mène propre à chacune des véritables
« fonctions phrénologiques élémentaires et
« nécessairement variables de l'une à l'autre
« avec une activité proportionnelle.

« Cette admirable analyse, en renversant
« simultanément toutes les diverses théories
« métaphysiques, leur a même ôté ce qui

« seul leur conservait quelque crédit, c'est-
« à-dire leur critique mutuelle, faite ainsi
« désormais avec beaucoup plus de justesse
« et d'énergie à la fois qu'elle n'avait pu l'être
« jusqu'alors par aucune des écoles anta-
« gonistes. » (A. Comte, *id.*, t. III, p. 550.)

L'âme, pour Auguste Comte et la philosophie qu'il intitule positive, n'existe donc pas comme être distinct du corps humain; ce qu'on appelle *le moi*, *l'âme*, n'est autre chose suivant lui, que l'équilibre général des diverses fonctions animales, l'harmonie de ces fonctions, l'ensemble des fonctions du cerveau, fonctions qu'il regarde comme la cause de tous les faits intellectuels, moraux ou sensibles [1].

---

[1] Le dialogue platonique du *Phédon* montre cette même théorie exposée 500 ans avant notre ère, à titre d'objection, par un disciple de Socrate : « Et toi-même, Socrate, tu te seras aperçu, je crois, que l'idée que nous nous faisons ordinairement de l'âme revient à peu près à celle-ci : que notre corps étant composé et tenu en équilibre par le chaud, le froid, le sec et l'humidité, notre âme est le rapport de ces

— Taine répondant à cette conclusion d'un philosophe contemporain qu'il y a un monde spirituel distinct du monde matériel, monde spirituel dont nous apercevons un individu dans la cause qui est nous-même ; et que tout l'effort de la psychologie est d'étudier cette cause, plus importante que ses effets, s'écrie :

« Nous pensons exactement le contraire et
« nous ne croyons pas que l'âme soit distincte
« des idées, sensations et résolutions que
« nous remarquons en nous. » (H. Taine,

principes entre eux et l'harmonie qui résulte de l'exactitude et de la justesse de leur combinaison. Or, s'il était vrai que notre âme ne fût qu'une harmonie, il est évident que quand notre corps est trop relâché ou trop tendu par la maladie ou par les autres maux, il faut nécessairement que notre âme, toute divine qu'elle est, périsse comme les autres harmonies qui se trouvent dans les instruments de musique ou dans tout autre ouvrage d'art, tandis que les restes de chaque corps durent longtemps, jusqu'à ce qu'ils soient brûlés ou réduits en putréfaction. Vois donc, Socrate, ce que nous pourrons répondre à ces raisons, si quelqu'un prétend que notre âme, n'étant qu'un mélange des qualités du corps, périt la première dans ce qu'on appelle la mort. » (Platon, *Phédon ou de l'âme*.)

les Philosophes français du XIX*ᵉ siècle*, ch. x, p. 243.)

« Je souffre, je jouis, je pense, je veux, je
« sens; la sensation, la résolution, la pensée,
« la jouissance, la souffrance exprimées dans
« le verbe sont des portions du sujet *je* ou
« *moi*. Donc nos opérations et modifications
« sont des portions de nous-mêmes. Donc le
« moi n'est point une chose distincte, autre
« que les opérations et modifications, cachée
« sous elles, durable en leur absence. »
(*Id.*, p. 244.)

Pour Taine, ce qu'on appelle essences et causes « ne sont que des faits. Tout le mou-
« vement de la science consiste à passer des
« faits apparents aux faits cachés, des faits
« produits aux faits producteurs ». (*Id.*, p. 246.) Et par *fait producteur* il n'entend pas une cause subsistante, un être, mais simplement un fait qui, lorsqu'il apparaît, est toujours suivi d'un autre fait déterminé. (*Id.*, ch. III, p. 67-69.)

— Littré, dans son *Dictionnaire*, résume comme suit la théorie positiviste de l'âme :

« Ame, s. f. *(anima, ψυχή,* all. *seele,* angl.
« *soul,* it. *anima,* esp. *alma).* Terme qui en
« biologie exprime, considéré anatomique-
« ment, l'ensemble des fonctions du cerveau
« et de la moelle épinière et, considéré phy-
« siologiquement, l'ensemble des fonctions
« de la sensibilité encéphalique, c'est-à-dire
« la perception tant des objets extérieurs
« que des sensations intérieures ; la somme
« des besoins, des penchants qui servent à
« la conservation de l'individu et de l'espèce
« et aux rapports avec les autres êtres ; les
« aptitudes qui constituent l'imagination, le
« langage, l'expression ; les facultés qui for-
« ment l'entendement, la volonté, et enfin
« le pouvoir de mettre en jeu le système
« musculaire et d'agir par là sur le monde
« extérieur. » *(Dictionnaire de Nysten,* revu
« et corrigé par E. Littré et Ch. Robin.)

LE MONDE EXTÉRIEUR

Pas plus ici qu'ailleurs, d'après Auguste Comte et les positivistes, il n'est permis d'affirmer un ordre d'existences réelles. Le monde physique, suivant eux, ne saurait être pour l'esprit humain qu'un ensemble d'apparences, de phénomènes, et il est impossible d'atteindre à l'existence d'êtres substantiels, causes de ces faits.

— « Dans l'état positif, l'esprit humain
« renonce à connaître les causes intimes des
« phénomènes pour s'attacher uniquement à
« découvrir, par l'usage bien combiné du rai-
« sonnement et de l'observation, leurs lois
« effectives, c'est-à-dire leurs relations inva-
« riables de succession et de similitude. »
(A. Comte, *Cours de philosophie positive*, t. I, p. 9.)

Et plus loin :

« Nous voyons que le caractère fondamen-

« tal de la philosophie positive est de regarder
« tous les phénomènes comme assujettis à
« des lois naturelles invariables, dont la dé-
« couverte précise et la réduction au moindre
« nombre possible sont le but de tous nos
« efforts, en considérant comme absolument
« inaccessible et vide de sens pour nous la
« recherche de ce qu'on appelle les causes
« soit premières, soit finales.

« Il est inutile d'insister beaucoup sur un
« principe devenu maintenant aussi familier
« à tous ceux qui ont fait une étude un peu
« approfondie des sciences d'observation.
« Chacun sait, en effet, que, dans nos expli-
« cations positives, même les plus parfaites,
« nous n'avons nullement la prétention
« d'exposer les causes génératrices des phé-
« nomènes, puisque nous ne ferions jamais
« alors que reculer la difficulté, mais seule-
« ment d'analyser avec exactitude les circon-
« stances de leur production et de les rat-
« tacher les unes aux autres par des relations

« normales de succession et de similitude. »
(A. Comte, *id.*, t. I, p. 16.)

— « L'esprit positif successivement ferme
« toutes les issues à l'esprit théologique et
« métaphysique, en dévoilant successivement
« la condition d'existence de tous les phé-
« nomènes accessibles et l'impossibilité de
« rien atteindre au delà. » (Littré. *Conservation, révolution et positivisme*, 1ʳᵉ édit.; *Phil. posit.*, ch. IV, p. 61.)

Or, quels sont, d'après Littré, ces phénomènes accessibles et au delà desquels on ne peut atteindre ? Les phénomènes physiques ou physiologiques : « La philo-
« sophie métaphysique va de l'homme au
« monde; la philosophie positive va du
« monde à l'homme. » (*Id.*, 1ʳᵉ partie, ch. VIII, p. 40-41.)

— « Il n'y a dans le monde que des faits et
« des rapports nécessaires; quand on trans-
« forme ces relations et ces nécessités en
« petits êtres, on fabrique des entités à la

« façon des scolastiques... » (Taine, *les Philosophes français au XIXᵉ siècle*, ch. III. p. 59.)

« La nature apparaît telle qu'elle est,
« comme un ensemble de faits observables,
« dont le groupement fait les substances,
« dont les rapports fondent les forces; et la
« science ramenée dans le lit où elle coule
« depuis deux siècles, se porte entière et
« d'un élan vers son terme unique et magni-
« fique, la connaissance des faits et des
« lois. » *(Id.*, p. 3.)

Ni Dieu, ni âme, ni monde extérieur, en tant qu'êtres réels, distincts et substantiels; une seule chose affirmable, à savoir les apparences, les phénomènes dits physiques et physiologiques et leur succession; telle est, en résumé, la doctrine philosophique d'Auguste Comte et des positivistes.

La philosophie dite positive est donc, au

point de vue des êtres quels qu'ils soient, essentiellement négative; elle n'affirme que des phénomènes et des phénomènes d'un certain ordre, sensibles.

CHAPITRE II

LE POSITIVISME — SA MÉTHODE

CHAPITRE II

LE POSITIVISME — SA MÉTHODE

Au point où nous en sommes de cette étude, pas n'est besoin de chercher longtemps la voie, autrement dit la méthode, qui, suivie dans leurs travaux par Auguste Comte et les positivistes, les conduit faussement mais logiquement aux résultats négatifs qui précèdent.

Cette méthode, en effet, apparaît à chaque instant dans les textes qu'on vient de lire : *C'est la méthode exclusive de l'observation dite externe.*

Il n'y a qu'un point de départ légitime de toute science et de toute philosophie, disent les positivistes, c'est l'observation des faits;

et il n'y a qu'un ordre de faits observables, les faits sensibles.

— « La prépondérance de la philosophie
« positive est successivement devenue telle
« depuis Bacon ; elle a pris aujourd'hui, indi-
« rectement, un si grand ascendant sur les
« esprits même qui sont demeurés les plus
« étrangers à son immense développement,
« que les métaphysiciens livrés à l'étude de
« notre intelligence n'ont pu espérer de ra-
« lentir la décadence de leur prétendue science
« qu'en se ravisant pour présenter leurs doc-
« trines comme étant aussi fondées sur l'ob-
« servation des faits. A cette fin, ils ont
« imaginé, dans ces derniers temps, de dis-
« tinguer, par une subtilité fort singulière,
« deux sortes d'observations d'égale impor-
« tance, l'une extérieure, l'autre intérieure,
« et dont la dernière est uniquement destinée
« à l'étude des faits intellectuels. Ce n'est
« point ici le lieu d'entrer dans la discussion
« de ce sophisme fondamental. » (A. Comte,

Cours de philosophie positive, t. I, p. 30 et 31.)

« Quant à leur vain principe fondamental « de *l'observation intérieure*, considéré en lui-« même, il serait certainement superflu de « rien ajouter ici à ce que j'ai déjà suffisam-« ment indiqué au commencement de ce « traité, pour faire directement ressortir la « profonde absurdité que présente la seule « supposition, si évidemment contradic-« toire, de l'homme se regardant penser. » (A. Comte, *Id.*, t. III, p. 539.)

— « Quand l'homme, au début de la car-« rière scientifique, se lança dans les recher-« ches sans limites de l'absolu, il n'avait que « cette voie ouverte devant lui. Aujourd'hui, « une autre voie s'est faite, celle de l'expé-« rience et de l'induction; elle ne peut con-« duire aux notions absolues, et, quand on « les demande à la raison, on lui demande « plus qu'elle n'a. » (E. Littré, *Conservation, révolution et positivisme*, 1ʳᵉ édition, 1ʳᵉ partie,

4.

ch. vii, p. 39.) — « La philosophie positive
« va du monde à l'homme. » (*Id.*, ch. viii,
p. 41.)

— « Considérons les débuts de la vie,
« l'animal au plus bas degré de l'échelle,
« l'homme à l'instant qui suit sa naissance.
« Ce que nous trouvons d'abord en lui, c'est
« la sensation, de telle ou telle espèce,
« agréable ou pénible, par suite un besoin,
« tendance ou désir, par suite enfin, grâce
« à un mécanisme physiologique, des mou-
« vements volontaires ou involontaires, plus
« ou moins exactement et plus ou moins
« vite appropriés et coordonnés. Et ce fait
« élémentaire n'est pas seulement primitif;
« il est encore incessant et universel, puis-
« qu'on le rencontre à chaque moment de
« chaque vie, dans la plus compliquée comme
« dans la plus simple. Cherchons donc s'il
« n'est pas le fil dont toute notre trame men-
« tale est tissée et si le déroulement spon-
« tané qui le noue maille à maille n'aboutit

« pas à fabriquer le réseau entier de nos
« pensées et de nos passions. Sur cette idée,
« un esprit d'une précision et d'une lucidité
« incomparables, Condillac, donne à presque
« toutes les grandes questions les réponses
« que le préjugé théologique renaissant et
« l'importation de la métaphysique alle-
« mande devaient discréditer chez nous au
« commencement du xix° siècle, mais que
« l'observation renouvelée, la pathologie
« mentale instituée et les vivisections multi-
« pliées viennent aujourd'hui ranimer, justi-
« fier et compléter. Déjà Locke avait dit que
« toutes nos idées ont pour source première
« l'expérience externe ou interne. Condillac
« montre, en outre, que toute perception,
« souvenir, idée, imagination, jugement, rai-
« sonnement, connaissance a pour éléments
« actuels des sensations renaissantes; nos
« plus hautes idées n'ont pas d'autres maté-
« riaux, car elles se réduisent à des signes
« qui sont eux-mêmes des sensations d'un

« certain genre. Ainsi, les sensations sont la
« substance de l'intelligence humaine comme
« de l'intelligence animale; mais la première
« dépasse infiniment la seconde en ceci que,
« par la création des signes, elle parvient à
« isoler, extraire et noter des fragments de
« ses sensations, c'est-à-dire à former, com-
« biner et manier des notions générales. »
(H. Taine, *les Origines de la France contem-
poraine. L'Ancien régime, l'Esprit et la doctrine*, ch. I, IV, p. 237.)

Taine, comme Comte et Littré, renferme
donc l'esprit humain dans les limites de
l'observation sensible, mais analyste plus
exact et s'inspirant, en cela, de Condillac, il
reconnaît, en même temps, que les faits directement observables, désignés sous le nom de
physiques et physiologiques sont, au fond,
des sensations de celui qui les aperçoit.

Cette analyse, incomplète dans son éten-
due, comme on le verra par la suite, mais
remarquable néanmoins par la constatation

dont il s'agit, permet de préciser nettement le point de départ philosophique et exclusif de la méthode dite positive.

Ce point de départ unique est l'observation directe du fait agréable ou pénible qu'on appelle *sensation*.

Ainsi, pour les philosophes positivistes, il n'y a, au fond, qu'un seul genre d'observation légitime, celle qui a pour instrument les sens et pour objet direct la sensation. Il n'existe aucun autre moyen immédiat de connaître, et les essais que l'on peut faire en dehors de celui-là ne sauraient produire qu'illusion et mensonge. Les phénomènes sensibles dits physiques, physiologiques, sociaux[1],

---

[1] Pour Auguste Comte et les positivistes, les phénomènes sociaux sont « compris implicitement dans les phénomènes « physiologiques » et leur étude constitue, parallèlement à la physique céleste, à la physique terrestre soit mécanique, soit chimique, et à la physique organique soit végétale, soit animale, « la physique sociale ». (A. Comte, *Phil. posit.*, t. 1er, p. 21 et 22).

seuls faits que puisse atteindre cette observation, sont donc par là-même les seuls faits véritables, les seuls qu'il soit donné à l'esprit humain d'affirmer, les seuls capables d'amener la certitude et d'être un fondement solide pour des recherches ultérieures. L'humanité emportée au delà de ces limites s'en est allée à travers les siècles, affirmant sans cesse des faits libres du moi, des faits divins, des faits absolus, mais ces illusions des époques théologiques et métaphysiques se dissipent de plus en plus devant l'application du procédé positif. — Tel est, touchant la méthode, le système formulé par le Positivisme. C'est, comme on le voit, le renouvellement, sous une autre forme et sous un autre nom, de la méthode sensualiste des Démocrite, des Lucrèce, des Gassendi, des Locke et des Condillac.

CHAPITRE III

LE POSITIVISME — SES CONSÉQUENCES SOCIALES

CHAPITRE III

LE POSITIVISME — SES CONSÉQUENCES SOCIALES

L'esquisse de philosophie dite positive à laquelle nous venons de nous livrer était nécessaire à l'intelligence des conséquences positivistes sociales qu'il nous reste à exposer.

La société, en effet, est une projection du moi. Elle est la réalisation des idées, des sentiments et des volontés de forces individuelles dont la réunion constitue le corps social. Comprendre l'influence sociale d'un groupe d'hommes quel qu'il soit, d'une école philosophique par exemple, suppose donc l'étude et la connaissance préalables des doctrines qu'elle professe et des méthodes qu'elle emploie. L'étude est parfois aride, mais, une fois faite, les conséquences éclatent pour ainsi dire d'elles-mêmes :

La conséquence sociale du Positivisme est l'Anarchie.

Qu'est-ce que l'Anarchie?

Pratiquement parlant et dans le sens le plus large du mot, l'Anarchie est l'absence de toute autorité, soit temporelle comme expression de la raison, soit spirituelle comme expression d'une révélation extérieure surnaturelle. Théoriquement parlant, elle est la négation de ces deux autorités.

Il est à peine nécessaire d'indiquer les conséquences de la doctrine dite positive en ce qui concerne le second de ces Pouvoirs. La double négation positiviste de l'existence de Dieu et de l'âme entraîne visiblement avec elle la négation correspondante de toute autorité spirituelle extérieurement révélée.

En ce qui touche l'Autorité temporelle,

l'Autorité sociale, le Pouvoir civil en un mot, la conséquence anarchique de la doctrine positiviste ressort non moins logiquement des principes doctrinaux et méthodiques par l'exposé statistique desquels nous avons débuté. Un peu d'attention suffit pour s'en convaincre.

C'est une vérité devenue banale pour avoir été si souvent répétée, que le Pouvoir est *la Force au service du Droit,* ce qui revient à dire que la raison d'être du Pouvoir est la protection du Droit. Pas de droits à protéger, pas de Pouvoir légitime concevable. Or qu'est-ce que le Droit ? *L'inviolabilité de celui qui accomplit un devoir absolu*[1]. — *J'ai le droit d'enseigner la vérité* signifie *je suis in-*

---

[1] Il n'y a pas de loi contre une loi supérieure et absolue. C'est dire que toute opposition à celle-ci est nécessairement *illégitime;* ou encore que nul ne peut s'opposer *légitimement* à son accomplissement; ou encore que celui qui l'accomplit est *inviolable* dans cet accomplissement; ou encore que celui qui l'accomplit *a le droit* de le faire. Ce ne sont là que des expressions diverses d'une même idée.

violable quand je l'enseigne. Et pourquoi suis-je inviolable quand j'enseigne la vérité? *Parce que j'ai le devoir absolu de le faire*, et qu'ayant en moi-même le pouvoir de m'y conformer, je suis, dès lors, *responsable* devant ma loi de cet accomplissement.

Otez ce devoir absolu, ôtez cette loi morale immuable, ce principe de direction supérieur et extérieur à l'homme libre qui le conçoit, et vous supprimez du même coup la *Responsabilité* individuelle absolue et ce qui découle de cette responsabilité, à savoir : l'*Inviolabilité* de l'individu, *le Droit*. L'homme n'est plus inviolable, respectable. Pourquoi, si aucune loi supérieure et absolue ne commande sa volonté, une autre volonté humaine ne se mettrait-elle pas en travers de la sienne? Une volonté, en pareil cas, en vaut une autre. L'homme, dans ces conditions, n'est plus inviolable, il ne peut être qu'inviolé... s'il est le plus fort.

Mais s'il n'est plus inviolable, s'il n'a plus

de droits en d'autres termes, comment concevoir l'existence d'une force sociale légitime, protectrice de ces mêmes droits ? Cette force légitime qu'on appelle Autorité, Pouvoir, n'a plus de raison d'être, ne saurait exister. Elle disparaît avec les droits dont elle était la conséquence naturelle, le protecteur obligé. Ce qui reste, c'est la lutte des volontés les unes contre les autres et, éventuellement, la prédominance de certaines volontés sur certaines autres moyennant l'emploi d'une force brutale essentiellement arbitraire. Ce qui reste, en un mot, c'est *l'Anarchie*.

Or qui ne voit que telle est la conséquence logique du Positivisme dont l'article fondamental est la négation catégorique de tout absolu quel qu'il soit[1] ? Qui ne voit que cette

---

[1] Cette négation de l'absolu sous quelque forme que ce soit, hautement professée par les Positivistes, est, comme on l'a vu et comme on ne saurait trop le faire remarquer, le résultat naturel et forcé de la méthode par eux suivie. Le principe sensualiste de l'observation sensible exclusive a pour conséquence logique, en effet, de bannir de l'intelli-

négation première entraîne nécessairement avec elle la négation d'un Devoir absolu proposé à l'homme comme loi supérieure et immuable engageant sa Responsabilité ; la négation, par conséquent, de son Inviolabilité, de son Droit ; la négation, dès lors, d'un Pouvoir social, légitime protecteur de ce même Droit? Or la négation d'un Pouvoir social légitime est précisément ce qui constitue la théorie anarchique.

Nous ne faisions donc que rendre à Auguste Comte et aux Positivistes ce qui leur appar-

---

gence humaine tout ce qui n'est pas du ressort des sens et, notamment, toutes les idées absolues, tous les axiomes : axiomes métaphysiques, axiomes mathématiques, axiomes moraux, axiomes logiques, axiomes esthétiques ; tout ce qu'on appelle, en un mot, vrai, bien, beau, juste absolu ; tout ce qu'on désigne vulgairement sous le nom de bon sens ; substituant à tout cela la science des corps. Dans cette doctrine, le vrai est ce qui tombe sous les sens ; le bien, ce que commandent les sens ; le beau, ce qui plaît aux sens ; le juste, les lois humaines qui assurent la satisfaction des sens ; l'utile, tout ce qui peut servir efficacement à cette satisfaction, sans qu'il y ait lieu d'en subordonner l'usage à des lois morales, pures chimères.

tenait quand, tout à l'heure, nous émettions cette proposition, évidente maintenant, que *la conséquence sociale du Positivisme est l'Anarchie*[1].

Est-ce à dire qu'Auguste Comte et les Positivistes aient toujours déduit, dans la partie sociale de leurs œuvres, les conséquences anarchiques de leurs principes philosophiques? Non. Il y a des résultats logiques que les auteurs de certains principes n'aperçoivent pas, ou n'osent pas regarder en face, ou hésitent à publier une fois aperçus.

Mais ce que ceux-là ne font pas, d'autres le font à leur place, mettant hardiment en lumière les conséquences désastreuses des principes de leurs maîtres.

Il convient donc, en terminant cet exposé, de prémunir certains esprits généreux contre

---

[1] Hobbes voyait clairement et proclamait déjà au xviie siècle les conséquences anarchiques de la doctrine sensualiste quand il concluait : « *Homo homini lupus ;* l'homme est un loup pour l'homme. »

les mots sonores au moyen desquels Comte et les Positivistes essaient trop souvent de faire illusion à eux-mêmes et aux autres sur les résultats anti-sociaux de leur doctrine philosophique.

Quand Auguste Comte et ses disciples, appliquant la méthode dite positive, nient tour à tour l'existence de Dieu, l'existence de l'âme, l'existence du monde extérieur, ils sont logiques. — Quel est, en effet, d'après eux, le seul moyen légitime de connaître? Les sens. Or, les sens ne font connaître à l'homme aucune réalité substantielle, qu'elle s'appelle Dieu, âme ou monde physique.

Mais quand ces mêmes philosophes, passant sur le terrain social, prononcent hautement les mots de Progrès, de Patrie, de Société, d'Ordre, de Soumission, de Droit, de Pouvoir, ils sont essentiellement illogiques. — Qu'est-ce en effet que le Progrès et la Patrie sans la Société? Et qu'est-ce que la

Société sans l'Ordre ? Et qu'est-ce que l'Ordre sans le Pouvoir ? Et qu'est-ce que le Pouvoir sans le Droit dont la protection est son unique raison d'être ? Et qu'est-ce que le Droit sans le Devoir, source, on l'a vu, de toute inviolabilité ? Et qu'est-ce que ce Devoir sinon la loi absolue des déterminations humaines, loi supérieure et extérieure à l'homme qui la conçoit et vis-à-vis de laquelle il se sent responsable ? Or c'est cet absolu, principe de tout le reste, principe de ce qu'on appelle Droit, Pouvoir, Société, Patrie et Progrès, c'est cet absolu que nient énergiquement Comte et les Positivistes.

Ainsi par un étrange et patent illogisme ils affirment dans leurs théories sociales ce qu'ils ont nié et détruit par avance dans leur œuvre philosophique. C'est de la pure inconséquence[1].

---

[1] Les positivistes s'efforcent d'échapper à cette contradiction en remplaçant, dans leur théorie, le Devoir absolu comme base de l'Ordre et du Pouvoir, par la seule considération de

Cette inconséquence, d'ailleurs, ne corrige rien. Il est trop tard. Le mal est fait. Ceux qui viennent après ces chefs illogiques de la doctrine positiviste ne s'arrêtent pas à leurs contradictions ; en possession du principe dit

l'Intérêt commun. Ils oublient que la soumission ou la résistance à ce fait unique, essentiellement variable et discutable, de l'Utilité publique, ne pourrait avoir d'autre sanction que celle qu'établiraient des lois sociales non moins variables, non moins discutables, et impuissantes surtout à assurer au mérite et au démérite la récompense et le châtiment adéquats qui leur sont dus. Ils ne voient pas qu'une responsabilité ainsi dépourvue de sanction n'aurait de responsabilité que le nom : qu'avec le sentiment de sa responsabilité absolue disparaîtrait, chez l'individu, celui de son inviolabilité, de son Droit, et que, dès lors, le Pouvoir, dont la seule raison d'être légitime est la protection de ce même Droit, n'est plus, dans la logique de leur système, qu'une création arbitraire, faisable ou défaisable au gré des volontés particulières. C'est là, qu'ils s'en rendent compte ou non, la négation de l'ordre et le germe de toutes les anarchies. Telle est pourtant la conception branlante que le Positivisme prétend opposer à la violence des passions anti-sociales et à l'antagonisme toujours renaissant des volontés et des intérêts individuels. On voit combien il se trompe. Il n'y a pas là un fondement pour la Paix sociale. Il faut à la conscience et aux actions humaines une loi plus haute, plus immuable, plus absolue, plus obligatoire que celle de l'intérêt commun. L'Unité sociale est à ce prix.

positif ils en déduisent rigoureusement les conséquences sociales, à savoir la négation du Droit et du Pouvoir, autrement dit l'Antagonisme et l'Anarchie [1].

Les chefs, toutefois, sont les véritables auteurs de ces doctrines anti-sociales, filles logiques des principes par eux posés.

Auguste Comte, parlant philosophiquement, affirme en principe : « Pas de Dieu ! Pas d'âme responsable devant Dieu ! » Et parlant socialement il essaie d'ajouter : « Ordre, Soumission, Société, Amour, Patrie, Progrès, Pouvoir. » Il est illogique.

Les disciples crient aujourd'hui : « Pas de Dieu ? Pas d'âme ? Donc pas de maître !

---

[1] Les inconséquences des maîtres seront toujours impuissantes à retenir les disciples. La logique est plus forte et finit par l'emporter. En Allemagne, Kant, épouvanté des résultats pratiques de sa *Critique de la raison pure,* a essayé de reconstituer la morale sur la base contraire de l'*Impératif catégorique ;* c'était un recul louable mais illogique et les panthéistes allemands, appliquant rigoureusement le principe d'abord établi par le philosophe subjectiviste, ont fait bon marché de cette contradiction.

Haine, antagonisme et anarchie ! » Ils sont logiques.

Ils sont logiques mais ils ne sont qu'anarchistes de second ordre.

Les grands anarchistes sont ceux qui ont formulé de nouveau, à notre époque, sous le nom de Positivisme, le principe sensualiste : Auguste Comte, Littré, Taine.

Ceux-là sont les pères de l'Anarchie.

CHAPITRE IV

LE POSITIVISME. — SA CRITIQUE

CHAPITRE IV

LE POSITIVISME — SA CRITIQUE

Que vaut le Positivisme ?

Est-il, comme l'affirment Comte et ses successeurs, le système philosophique qui seul peut donner à l'Esprit humain la vérité, c'est-à-dire la connaissance de ce qui est ?

Est-il, au contraire, une source d'erreur ?

Il est temps de porter le jugement final dont les exposés de doctrine et de méthode par lesquels nous avons débuté étaient les éléments statistiques nécessaires. Rien n'aide plus, en effet, à l'appréciation loyale d'un système que la claire détermination des bases sur lesquelles il repose.

Les Maîtres du Positivisme nous ont dit

eux-mêmes ce qu'il était. Il nous reste à le juger. Que vaut-il ?

Il vaut ce que vaut son point de départ.

Une doctrine, en effet, est tout entière dans son principe. C'est là ce qui constitue son originalité et son plus ou moins de puissance. C'est ce qui la fait ce qu'elle est et la perpétue au besoin. C'est ce qui reste d'elle pour le bien ou pour le mal. Si le point de départ du Positivisme est vrai, le Positivisme est une science ; sinon, non.

Quel est le point de départ de toute science digne de ce nom ? L'observation des faits.

Quel est le point de départ de la philosophie dite positive ? L'observation exclusive des faits sensibles.

Dans cette science générale des réalités qu'est une philosophie, le point de départ positiviste est-il vrai ? Est-il vrai que les faits sensibles soient les seuls faits observables ? Si cela est vrai, le Positivisme est un ensemble d'affirmations et de négations justes dans leur principe, justes aussi dans toutes les applications et conséquences logiques de ce même principe; il est une science dans le véritable sens du mot. Mais si, à côté des faits sensibles, il y a d'autres faits tout aussi observables qu'eux et systématiquement écartés pourtant par le principe positiviste, ce principe est faux ; fausses aussi, dès lors, les applications et les conséquences logiques de ce point de départ exclusif.

Or une analyse rigoureuse des faits directement constatables par l'esprit humain et de leurs caractères essentiels montre, avec une irrésistible évidence, qu'à côté des faits sensibles il y a d'autres faits tout aussi observables que ces derniers et d'une nature absolument différente de la leur. Là est la condamnation du Positivisme ; là est la preuve palpable de la fausseté de son principe.

LE POSITIVISME EST UNE SOURCE D'ERREUR RÉSULTANT DE L'OBSERVATION INCOMPLÈTE DES FAITS.

C'est ce qu'il faut établir.

A ce point culminant et terminal de la discussion une courte analyse psychologique s'impose. Ceux qui nous ont suivi dans l'exposé de la doctrine, de la méthode et des conséquences de l'erreur nous accorderont encore le restant d'attention nécessaire à la vision de la vérité.

L'esprit humain, quand il observe, se trouve en présence d'une quantité énorme de faits devant la masse et la diversité desquels il s'arrêterait découragé s'il ne remarquait bientôt que tous se ramènent, en fin de compte, à un petit nombre de classes assez faciles à distinguer.

Ce qu'il constate directement, en effet, ce sont toujours ou des sensations de couleur, de son, d'odeur, de saveur, de chaud, de froid, etc., sensations soit présentes, soit renouvelées par la mémoire et l'imagination passives ; ou des opérations intellectuelles d'attention, de comparaison, d'abstraction, de généralisation, de mémoire et d'imagination actives, de raisonnement ; ou des idées ; ou des sentiments ; ou des volontés. Bien plus, s'il tient compte de l'étroite liaison qui existe entre les opérations intellectuelles et volontaires, d'une part, entre les idées et les sentiments qu'elles engendrent, d'autre part, il ramènera tous les faits observables aux trois grandes catégories suivantes : sensations, opérations, idées premières.

Tous ces faits sont directement aperçus par l'esprit humain qui ne peut mettre en doute leur existence, ce sont des faits *évidents*.

Ces faits sont-ils de même nature au fond ou sont-ils de natures essentiellement différentes, irréductibles ? C'est ce qu'il faut examiner et c'est ce que seule peut révéler l'étude de leurs caractères respectifs.

Le fait observable qu'on appelle *sensation* est une manière d'être agréable ou pénible du moi, née dans ce moi à la suite d'une action extérieure sur l'organisme. Il présente les caractères suivants :

La sensation est *évidente* : nul ne peut douter des sensations qu'il éprouve.

Elle est *subjective* : elle est une manière d'être du sujet qui sent.

Elle est *contingente* : dépendant d'une impression organique, elle pourrait, comme cette impression, ne pas exister.

Elle est *individuelle* : elle diffère avec les sujets chez qui elle se produit.

Elle est *variable* : elle change chez le même individu suivant l'âge, la santé, les dispositions.

Elle est *localisable* : le moi rapporte la sensation qu'il éprouve à l'organe qui a reçu l'impression.

Elle est *passive* : elle ne jaillit pas de l'activité du moi, le moi la subit.

Elle est *fatale* : étant donnée l'impression organique, elle se produit forcément, indépendamment de toute volonté du moi.

Elle est *non-représentative* : elle ne constitue pour le moi aucune vision intellectuelle d'un être quel qu'il soit, aucune connaissance en un mot. *Sentir n'est pas connaître.* Réduite à elle-même, abstraction faite de ce qui n'est pas elle, cette manière d'être affective du moi, ce plaisir ou cette peine qu'on appelle sensation ne fait rien connaître à ce moi. On se rappelle, à ce sujet, l'hypothèse, restée célèbre, de la statue de Condillac, où le philosophe, dans une remarquable analyse, fait voir que le moi, réduit à la seule aptitude sensitive et successivement exposé à l'action des diverses causes physiques et physiologiques, serait tour à tour pour lui-même odeur, son, saveur, couleur, froid, chaleur et autres sensations, rien de plus. Cette analyse devenue classique montre clairement que l'état agréable ou pénible qu'on appelle *sensation* ne constitue en rien, pour le moi, une vision intellectuelle quelconque, soit de lui-même comme être, soit de quelque autre chose en dehors de lui. *Sentir n'est pas connaître* et c'est ce qui explique, notamment, que la science en soit réduite, en ce qui touche le monde extérieur, aux hypothèses perpétuellement variables qu'on appelle ondulations, vibrations, fluides, émanations corpusculaires, esprits animaux, ébranlements nerveux, etc. Il n'en serait pas ainsi si la sensation était l'image, la représentation de quelque chose en dehors d'elle ; mais il n'en est rien et une sensation de couleur, par exemple, ne ressemble en aucune façon à un fluide lumineux, hypothèse plus ou moins vraisemblable des physiciens d'aujourd'hui et qu'ils remplaceront demain par une autre. *Sentir n'est pas connaître*, et c'est ce caractère de la sensation qu'on exprime d'un mot en disant qu'elle est *non-représentative*.

Les autres faits observables désignés tout à l'heure sous le nom d'opérations intellectuelles et volontaires (attention, comparaison, abstraction, généralisation, raisonnement, détermination) sont, comme les précédents, des faits *évidents, subjectifs, individuels, variables, non-représentatifs*[1], mais, en outre de de ces caractères communs, ils en ont d'autres, à eux particuliers : ils sont *actifs* et *libres*.

Ils sont *actifs* : le sujet chez qui ils apparaissent ne les subit pas, il les produit; ils jaillissent de sa propre force; il en a l'initiative.

Ils sont *libres* : ils ne sont pas l'œuvre obligée, fatale, de la force qui en a l'initiative; ils sont le résultat d'un choix qu'elle fait entre les impulsions qu'elle reçoit, acceptant les unes, rejetant les autres, par une élection qui lui est propre.

Viennent enfin les faits observables que

---

[1] Ce sont des *efforts* et non des *lumières*. — *Penser* est *un effort du moi pour connaître*, ce n'est pas la *connaissance*. — *Vouloir* est *un effort du moi pour agir*, il suppose la *connaissance*.

nous avons appelés *idées premières* et qui ont été, dans la suite des temps, désignés tour à tour d'après quelqu'un de leurs traits essentiels : le Λόγος de Platon, les *Catégories* d'Aristote, les *Idées nécessaires* de Leibnitz, les *Lois de croyance* de l'Ecole écossaise, la *Raison supérieure* de Bossuet, les *Axiomes*.

Ces faits se peuvent distinguer en plusieurs classes : les axiomes métaphysiques, tels que les idées de cause, de substance : *il n'y a pas de fait sans cause, de phénomène sans substance;* — les axiomes mathématiques; — les axiomes moraux, tels que les notions de Devoir, de Droit, de Pouvoir; — les axiomes logiques : *la même chose ne peut pas être et n'être pas en même temps.*

Ces vérités premières, faits directement observables, évidents en un mot, présentent, quand, postérieurement à leur constatation [1],

---

[1] Il importe ici de remarquer la différence essentielle qui existe entre les résultats de l'observation directe et ceux du travail intellectuel qui lui succède. L'âme humaine, quand

on les soumet à l'étude, les caractères suivants :

Elles sont *éternelles* : elles ont toujours existé et existeront toujours. « Toutes ces vérités, et toutes celles que j'en déduis par un raisonnement certain, subsistent indépendamment de tous les temps : en quelque temps que je mette un entendement humain il les connaîtra ; mais en les connaissant il les trouvera vérités, il ne les fera pas telles ; car ce ne sont pas nos connaissances qui font leurs objets, elles les supposent. »

elle saisit immédiatement, par exemple, une vérité première, n'aperçoit directement par là-même, ne constate, n'observe aucune substance. En présence d'une idée *a priori*, d'un axiome, elle ne l'aperçoit directement ni comme manifestation éternelle, immuable, objective, ni comme substance ; elle l'aperçoit comme chose dont elle a directement conscience, comme fait évident, voilà tout. Ce n'est qu'indirectement, *a posteriori*, qu'elle passe de ce qui est visible à l'affirmation de ce quelque chose d'invisible qu'on appelle cause, être, substance. — Notons ici que ces quelques réflexions constituent à elles seules une réfutation de l'erreur philosophique, dite ontologique, touchant une prétendue vision actuelle et directe de la substance divine.

Elles sont *universelles* : elles existent non seulement toujours mais partout.

Elles sont *immuables* : toujours et partout elles sont les mêmes, identiques.

Elles sont *nécessaires* : elles ne peuvent pas ne pas être. L'esprit humain se refuse à concevoir la non-existence de cette idée, par exemple, *qu'il n'y a pas de fait sans cause*.

Elles sont *absolues* : elles existent par elles-mêmes. Ce qui est éternel, en effet, est à soi-même sa cause.

Elles sont *impersonnelles* au moi : elles ne sont pas des créations de ce moi dont les actes, essentiellement variables, trouvent en elles, au contraire, leur loi supérieure et immuable.

Elles sont *objectives* : éternelles, universelles, infinies en un mot, elles existent en dehors du moi essentiellement limité et fini.

Cette analyse exacte des trois ordres de faits observables par l'esprit humain et de leurs caractères respectifs nous permet maintenant de répondre à la question précédemment posée : ces faits sont-ils de natures essentiellement différentes, irréductibles?

La réponse, à l'heure qu'il est, ne saurait être douteuse. Autant ce qui est *actif* diffère de ce qui est *passif*, autant ce qui est *libre* diffère de ce qui est *fatal*, autant ce qui est *fini* diffère de ce qui est *infini*, autant ces faits diffèrent les uns des autres. *Activité* et *passivité*, *liberté* et *fatalité*, *fini* et *infini* sont des idées qui s'excluent. S'excluent par là-même les faits qui présentent ces caractères. Ce sont des faits différents par essence, des faits qu'il est impossible de ramener les uns aux autres, des faits irréductibles en un mot.

C'est donc avec toute l'autorité de la raison, du sens commun, du bon sens, qu'à la question posée nous répondons : Les faits sensibles, *passifs et fatals*, sont essentiellement différents des faits intellectuels et volontaires, *actifs et libres*, et ces deux ordres de faits, d'autre part, contingents, relatifs, subjectifs et finis diffèrent essentiellement des faits *nécessaires, absolus, objectifs et infinis*.

On voit maintenant combien se trompent les philosophes positivistes lorsqu'ils présentent la sensation comme unique point de départ de toute observation et prétendent en tirer par voie de transformations successives tout ce qu'on appelle opérations intellectuelles, idées, volontés.

On voit aussi la cause de leur erreur : *elle provient d'une analyse incomplète*. Considérant faussement la sensation comme le seul fait observable, ils se voient faussement aussi mais logiquement amenés à regarder les opérations intellectuelles, les idées, les volontés, comme n'étant que des sensations diversement transformées. Ils commencent, en vertu de leur principe exclusif, par mettre dans la sensation ce qui n'y est pas; partant de là, ils ont beau jeu à tirer, en apparence, de cette confusion, au moyen de combinaisons artificielles plus ou moins vraisemblables, les faits les plus différents de la sensation elle-même : ils les lui ont attribués faussement par avance. Or ces autres faits, comme on vient de le voir, sont aussi évidents, aussi directement observables que la sensation et en diffèrent essentiellement[1].

C'est ainsi qu'une analyse rigoureuse et complète des faits a pour résultat de ne laisser

---

[1] On ne saurait trop retenir l'attention sur ce point capital, résultat de l'analyse qui précède et base des conclusions qui suivent. *La sensation n'est ni une opération intellectuelle, ni une volonté, ni une idée.* — La sensation n'est ni une opération intellectuelle ni une volonté : elle a son origine dans un phénomène physique extérieur au moi qui sent, ces faits ont leur origine dans l'activité du moi lui-même; elle est fatale, ces faits sont libres; elle a pour résultat le développement physique de l'homme, ces faits ont pour résultat son développement intellectuel et moral. — La sensation n'est pas davantage une idée : elle a une origine physique, toujours variable, successive et finie, l'origine des idées est nécessairement immuable et infinie comme ces idées elles-mêmes; elle n'est pas représentative (sentir n'est pas connaître), les idées le sont essentiellement, elles sont la lumière du moi; elle est subjective, contingente, relative, individuelle, variable, les idées sont objectives, nécessaires, absolues, universelles, immuables.

aucune place au principe positiviste qui consiste à confondre avec la sensation d'autres faits d'expérience qui en sont essentiellement distincts.

Devant cette analyse, le Positivisme, forme actuelle du Sensualisme, s'écroule. Il n'est pas scientifique. Il repose sur une confusion initiale, confusion amenée par une observation incomplète des faits directement constatables et de leurs caractères.

Mais cette condamnation du Positivisme en ce qui touche l'observation des *faits* porte plus loin, a des conséquences plus hautes : elle entraîne immédiatement la condamnation de cette même doctrine en ce qui touche les *êtres*.

Là est le point capital, le couronnement de la critique.

Si, comme le prétendent faussement les Positivistes, il n'y avait d'autre point de départ légitime aux affirmations de l'esprit humain que les phénomènes sensibles, essentiellement contingents, relatifs, subjectifs, individuels, variables, paraissant et disparaissant tour à tour dans le flot d'un écoulement perpétuel, il faudrait reconnaître avec ces philosophes l'impossibilité de passer de l'affirmation des faits à celle de ce quelque chose d'invisible et de permanent qu'on appelle cause, substance, être; il n'y aurait d'affirmable que des phénomènes sensibles directement constatés ou transformés, et sous ces phénomènes aucune cause réelle, aucun être substantiel.

Mais si, au contraire, comme vient de le montrer une analyse plus complète, il n'y a pas un seul ordre mais trois ordres de faits observables essentiellement différents les uns des autres, à savoir des faits *sensibles*, des faits *actifs* et des faits *absolus*, une autre solution se fait jour, entièrement opposée.

Il suffit, pour arriver à cette solution dernière, de remarquer qu'au nombre des faits évidents, éternels, absolus, immuables, objectifs dont on a constaté l'existence, se placent en première ligne ces axiomes qu'*il n'y a pas de fait sans cause, de phénomène sans substance* et que *des faits différents supposent des causes différentes.*

A la lumière de ces principes l'esprit humain, placé qu'il est en face de trois ordres de faits évidents et essentiellement différents les uns des autres, conçoit immédiatement et avec une entière certitude l'existence de trois causes différentes aussi :

Une cause des faits sensibles et fatals ;

Une cause des faits actifs et libres ;

Une cause des faits nécessaires et éternels.

A la cause des faits sensibles on donne le nom de MONDE EXTÉRIEUR ;

On appelle AME la cause des faits actifs et libres ;

La cause des faits nécessaires, absolus, éternels, immuables, objectifs se nomme

LE POSITIVISME. — SA CRITIQUE 77

Theos chez les Grecs, *Deus* chez les Latins, et chez les Français, Dieu.

COROLLAIRE SOCIAL

Les vérités qu'une analyse scientifique vient d'établir emportent avec elles le renversement de la doctrine anarchique dont le Positivisme est le père.

L'existence d'un Devoir absolu et celle de la Responsabilité et de l'Inviolabilité individuelles qui en découlent entraînent forcément à leur suite la nécessité et la légitimité d'un Pouvoir social protecteur indispensable de cette Inviolabilité, de ce Droit.

La théorie anarchiste, fille de l'Athéisme positiviste, tombe donc avec lui. La conséquence croule avec le principe.

Notre critique de la philosophie faussement dite positive s'arrête là. Elle en est la condamnation. Elle n'en est pas, malheureusement, la destruction. Le danger est vieux comme le monde et durera autant que lui. Le Sensualisme, tantôt sous une forme, tantôt sous une autre, a toujours périodiquement apparu dans l'humanité ; il y reparaîtra toujours. Il a sa source permanente et puissante dans la faiblesse naturelle de l'esprit humain et dans ce qui est le résultat de cette faiblesse, à savoir : la prédominance des sens sur l'entendement.

Mais c'est aussi et ce sera toujours un devoir incessant pour les penseurs de dissiper l'erreur et de rétablir la vérité.

TABLE

Avant-propos 5

Chapitre premier. — Le Positivisme : Sa Doctrine 9

Chapitre II. — Le Positivisme : Sa Méthode. 33

Chapitre III. — Le Positivisme : Ses Conséquences sociales 43

Chapitre IV. — Le Positivisme : Sa Critique. 57

Lyon. — Imp. A. Rey, 4, rue Gentil. — 47060